Bibi & Tina
Tohuwabohu Total

DAS GROSSE FANBUCH

Up! Up! Up!

Schneiderbuch
EGMONT

Hallo, liebe »Bibi & Tina« Fans!

Nach drei schönen Sommern in Falkenstein folgt nun ein neues großes Abenteuer mit den besten Freundinnen Bibi und Tina.

Diesmal ist ihre Hilfe besonders stark gefordert. Die beiden Mädchen treffen beim Reiten auf einen Jungen, der vorgibt, aus Syrien geflüchtet zu sein. Und er wird nicht der Letzte sein, der ihnen während ihres Ausflugs über den Weg läuft. Kein Wunder, dass auf Schloss Falkenstein am Ende ein kunterbuntes Tohuwabohu herrscht.

Erfahrt alles über die alten und neuen Stars der erfolgreichen Kino-Reihe. Was hat sich für die Darsteller von Bibi, Tina, Alex, Tarik, Graf Falko, Dagobert, Frau Martin und Holger seit dem letzten Jahr verändert? Was erhoffen sie sich für die Zukunft?

Und wer sind die Neuen? Was bewegt Shooting-Star Lea van Acken, die eine der Hauptrollen in »Tohuwabohu Total« spielt?

Lest, was eure Lieblingsdarsteller in der Schule erlebt haben und was ihnen gefallen oder nicht gefallen hat.

Wolltet ihr schon immer mal wissen, wie Bibis Hexereien filmisch umgesetzt werden? Ab Seite 46 erfahrt ihr mehr darüber.

Freut euch auf die Texte der aktuellen Songs sowie auf Einblicke in den ersten Auslandsdreh des Filmteams und auf viele neue Bilder.

*Eene meene starker Held,
taucht ein in unsere Kinowelt.
Hex-hex!*

Zu zweit sind wir stark!

Aber mit Freunden ist es auch sehr cool.

Inhalt

DER VIERTE SCHÖNE SOMMER

Bibi & Tina – Tohuwabohu Total 6
Bibi Blocksberg (Lina Larissa Strahl) 8
Tina Martin (Lisa-Marie Koroll) 10
Alexander von Falkenstein (Louis Held) 12
Tarik Schmüll (Emilio Sakraya Moutaoukkil) 14
Der Martinshof 16
    Susanne Martin (Winnie Böwe)
    Holger Martin (Fabian Buch)
    Freddy (Max von der Groeben)
Schloss Falkenstein 17
    Graf Falko von Falkenstein
    (Michael Maertens)
    Butler Dagobert (Martin Seifert)
Adea (Lea van Acken) 18
Sinan (Altamasch Noor) 20
Karim (Ilyes Moutaoukkil) 21
Die Albaner 22
    Ardonis (Oktay Inanc Özdemir)
    Luan (Salah Massoud)
    Onkel Addi (Albert Kitzl) 23
    Valentin (Karim Günes)
Last, but not least 24

SONGTEXTE UND INTERVIEWS

»Was würdest du tun?« 26
Nachgefragt: Mädchen oder Jungs –
Wer hat es leichter? 28
»Wunder« 30
Nachgefragt:
Schule – Stress oder Spaß? 32
»Muss ich haben« 34
»Ihr deutschen Mädchen seid so« 36
»Take it easy« 38
Nachgefragt: Reiseziele unserer Stars 40
»Rockstar ohne Song« 42
Nachgefragt: »Willst du mit mir gehen?« 44

BIBIS HEXEREIEN

Schafe 46
Kutsche 47
Onkel Addi 48

BIBI & TINA IN ALBANIEN

Onkel Addis Hof 50
Verrückte Fahrzeuge 52
Selfie-Parade 54

... UND WIEDER ZURÜCK

Schloss Falkenstein »under construction« 56
Tohuwabohu Total 58

Der vierte schöne Sommer

Bibi und Tina stellen den Suppendieb.

Bibi & Tina – Tohuwabohu Total

In ihrem vierten großen Kinoabenteuer treffen Bibi Blocksberg und ihre beste Freundin Tina Martin beim Reitwandern auf einen Jungen namens Aladin, der vorgibt, aus Syrien geflüchtet zu sein. Schnell merken sie, dass der Junge ihnen etwas verschweigt. Nicht nur die schrägen Verfolger, die ihm auf den Fersen sind, sondern auch seine wahre Herkunft. Dennoch wollen sie ihm natürlich helfen. Genau wie den beiden syrischen Brüdern Karim und Sinan, auf die sie ebenfalls noch am selben Tag treffen.

Aladins Geheimnis

Doch Aladins Verfolger spüren Bibi und Tina und ihre neuen Freunde erneut auf. In letzter Sekunde können sie entkommen – und endlich verrät Aladin sein Geheimnis. Eigentlich ist »er« ein Mädchen und heißt Adea. Sie kommt aus Nordalbanien und ist auf der Flucht, weil ihr Onkel sie von der Schule nehmen und möglichst bald verheiraten will. Da Sinan Angst hat, dass Adeas Lügen sein Bleiberecht in Deutschland gefährden, verrät er ihren Aufenthaltsort an ihren Onkel Addi und ihre Cousins Luan und Ardonis. Erneut heften sich nun mit Unterstützung der in Deutschland lebenden Verwandtschaft an Adeas Fersen.

Zusammentreffen der Verfolger

Die zwei neuen Reisebegleiter sind etwas schüchtern.

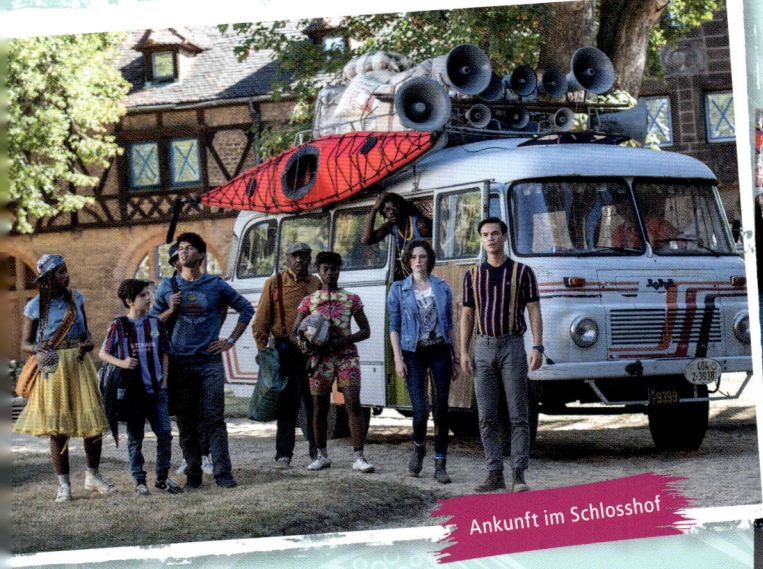

Ankunft im Schlosshof

Versöhnung in Nordalbanien

Yes we can!

Die nichtsahnenden Jugendlichen treffen derweil auf Tinas Freund Alex von Falkenstein, der bei einer Kanutour eine Panne hatte. Gerettet wurde er von Musikern aus Mali, die auf Tour durch Europa sind. Adeas Verfolger bemerken sie erst im letzten Augenblick. Durch einen ausgebufften Trick können Bibi und Tina sie zum Glück ablenken, und Alex bringt die neuen Freunde sicher nach Falkenstein. Dort will er mit den Musikern ein großes Musikfestival organisieren. Doch sein Vater, Graf Falko, ist mit Renovierungsarbeiten am Schloss beschäftigt, und die ganzen fremden Menschen überfordern ihn völlig. Sogar Bibis Freund Tarik schaut unverhofft vorbei. Butler Dagobert aber findet: Yes we can!

Offen für alle

Das Tohuwabohu ist perfekt, als Luan und Ardonis Tina entführen, um sie gegen Adea auszutauschen. Um Tina nicht zu gefährden, beugt sich Adea dem Willen der Verwandten und fährt mit ihnen in ihre Heimat Nordalbanien zurück. Bibi aber möchte Adea nicht aufgeben und hext sich mit ihren Freunden hinterher. Doch selbst mit Überredungskunst und Hexereien lässt sich der Onkel nicht erweichen. Erst als Luan und Ardonis endlich verstehen, was wirklich gut ist für Adea, lenkt auch er ein. Adea darf weiter in die Schule gehen! Und auch Graf Falko lässt sich auf die Ideen seines Sohnes ein und begreift, dass an seinem Tisch viele Gäste ihren Platz finden.

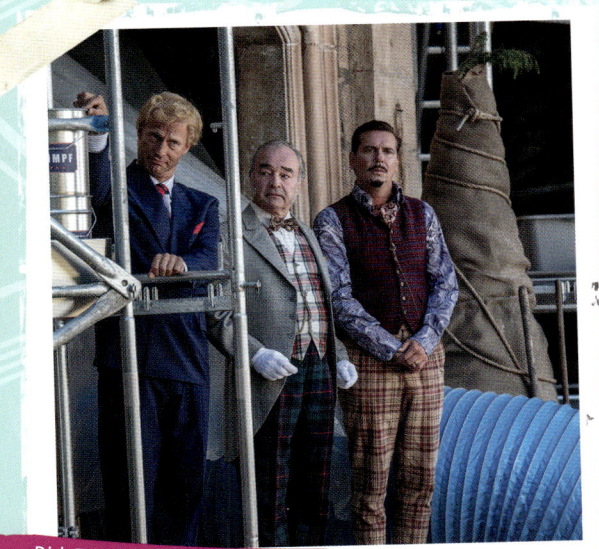

Dirk Trumpfs Pläne fordern Falkos ganze Aufmerksamkeit.

Endlich eine gemeinsame Linie auf Schloß Falkenstein!

Lina spielt Bibi Blocksberg

Einmal eine Hexe sein wie Bibi Blocksberg – das wünschen sich viele. Abgesehen davon ist das gewitzte und manchmal etwas vorlaute Mädchen auch in »Tohuwabohu Total« wieder einmal die beste Freundin der Welt.

Bibi 2016

Wie immer ganz entspannt: Sarouk als Sabrina

Lina Larissa Strahl

Bereits zum vierten Mal hat Lina die Rolle der Junghexe übernommen. Die Antwort auf die Frage, was ihr wichtiger ist – schauspielen oder singen –, fällt ihr schwer. Sie kann und will sich nicht entscheiden. Das Beste wäre, es ginge einfach so weiter als schauspielende Sängerin oder als singende Schauspielerin.

Beste Freundinnen und Kolleginnen!

Steckbrief Lina Larissa Strahl alias Bibi

Name: Lina Larissa Strahl

Geburtsjahr und -ort: 1997 in Hannover

Sternzeichen: Schütze

Augenfarbe: blau-grün-grau

Haarfarbe: blond

Hobbys: Fußball, Reiten, auf Konzerte gehen, Urlaub machen

Was ich bei anderen mag: Ehrlichkeit, Verständnis, Bereitschaft für Abenteuer

Was ich bei anderen nicht mag: Arroganz und Egoismus

Die größte Veränderung seit dem letzten Jahr: Die Schule ist vorbei. Hinterher merkt man erst, wie sehr man sie vermissen kann. Vielleicht nicht gerade wegen der Hausaufgaben, sondern eher wegen der Freunde. Musikalisch ist bei mir auch viel passiert. Ich habe mein Album herausgebracht und war auf Tour. Außerdem möchte ich mich in der Schauspielerei weiter ausbilden. Vielleicht auch etwas ganz anderes studieren. Mein Privatleben darf dabei aber nicht zu kurz kommen.

Lina hat die Zukunft im Blick!

Ob singen oder schauspielen – Lina begeistert ihr Publikum!

Interviews, Interviews, Interviews – auch in den Pausen gibt es immer was zu tun.

Lisa-Marie spielt Tina Martin

Nach einigem Auf und Ab mit ihrem Freund Alexander von Falkenstein scheint Tinas Beziehung nun richtig stabil zu sein. Auf Alex kann sie sich einfach verlassen, genau wie auf ihre beste Freundin Bibi Blocksberg. Und diesmal ist Tina auf die Hilfe der beiden besonders stark angewiesen.

Tina 2016

Lisa-Marie Koroll

Auch Lisa ist zum vierten Mal als Tina Martin dabei. Die Rolle ist ihr wie auf den Leib geschrieben. Auch weil Tina ihr vom Charakter her ähnelt, wie sie selbst sagt. Lisa arbeitet schon lange als Schauspielerin. Mit sieben Jahren spielte sie ihre erste Rolle in der Serie »Familie Dr. Kleist«.

Glückliches Wiedersehen mit Amadeus alias Chiko

Lisa lenkt die Kutsche – das ist etwas ganz Neues für sie!

Steckbrief Lisa Marie-Koroll alias Tina

Name: Lisa-Marie Koroll

Geburtsjahr und -ort: 1997 in Eisenach

Sternzeichen: Steinbock

Augenfarbe: braun   Haarfarbe: braun

Hobbys: Reiten, Lesen, Backen, in der Natur sein

Was ich bei anderen mag: Lebensfreude und Zufriedenheit

Was ich bei anderen nicht mag: Wenn sie ihre Show abziehen und ihr wahres Ich dahinter verstecken.

Die größte Veränderung seit dem letzten Jahr: Das Jahr 2016 war für mich tatsächlich sehr ereignis-, erfahrungs- und erfolgreich. Privat habe ich mein Abitur bestanden und somit einen neuen Lebensabschnitt begonnen. Aber auch beruflich durfte ich viele sehr spannende und neue Dinge erleben. Was ich dabei gelernt habe? Zum einen: Geh es auch mal entspannt an und lass die Dinge auf dich zukommen. Und zum anderen: Nicht alles, was glänzt, ist Gold.

Quatschmachen muss auch sein!

Setbesuch: Lisas kleiner Hund ist sooo süß!

Selbst als Junge verkleidet macht Lisa eine gute Figur!

Louis spielt Alexander von Falkenstein

Genau wie alle anderen ist auch Alex älter geworden. Das merkt man vor allem im Zusammenspiel mit seinem Vater Graf Falko. War Alex früher darauf bedacht, seinem Vater alles recht zu machen, widerspricht er ihm nun häufig und macht sein eigenes Ding. Damit überrascht und beeindruckt er auch seine Freundin Tina.

Alex 2016

Gemeinsam sind sie erwachsen geworden!

Louis Held

Bei der Arbeit für »Bibi & Tina« ist Louis im Laufe der Jahre klar geworden: Er will auch weiterhin als Schauspieler arbeiten. Zur Zeit besucht er die Schauspielschule und hat sich schon in einigen anderen Rollen glänzend geschlagen.

Immer mit vollem Einsatz!

Ein perfektes Paar 😊

Steckbrief Louis Held alias Alex

Name: Louis Held
Geburtsjahr und -ort: 1995 in Berlin
Sternzeichen: Wassermann
Augenfarbe: braun   Haarfarbe: dunkelblond
Hobbys: Sport, Freunde treffen

Was ich bei anderen mag: Ehrlichkeit, Lebensfreude

Was ich bei anderen nicht mag: schlechte Laune

Manchmal wundert man sich schon über seine Einfälle!

Die größte Veränderung seit dem letzten Jahr: In einer Fernsehserie durfte ich zum ersten Mal einen echten Bösewicht spielen! Das hat wahnsinnig Spaß gemacht, und es war erstaunlich, dass das gesamte Team mich auch anders wahrgenommen hat. Aber eigentlich auch kein Wunder, denn ich hatte ein ganz schön schräges Kostüm und eine glänzende Gelfrisur.

Louis ist jetzt Schauspieler und immer im Einsatz!

Emilio spielt Tarik Schmüll

Tarik ist immer noch viel in der Welt unterwegs. Aber Bibi hat er nie vergessen. Genauso wenig wie sie ihn. Die Freude ist groß, als er diesmal wieder etwas länger vorbeischaut und unverhofft mit ins nächste große Abenteuer hineingezogen wird.

Wieder vereint!

Tarik, der Reisende

Emilio Sakraya Moutaoukkil

Seit seiner Kindheit steht Emilio vor der Kamera. Er hat den jungen Bushido gespielt und mittlerweile in vielen anderen Kino- und Fernsehfilmen mitgewirkt.

Die Zusammenarbeit mit Buck macht besonders viel Spaß!

Ein starkes Team

Steckbrief Emilio Sakraya alias Tarik

Name: Emilio Sakraya Moutaoukkil

Geburtsjahr und -ort: 1996 in Berlin

Sternzeichen: Krebs

Augenfarbe: braun

Haarfarbe: braun

Hobbys: Klavier und Gitarre spielen, Singen, Schwimmen, Kampfsport, Parkour, Sonnen

Was ich bei anderen mag: Humor

Was ich bei anderen nicht mag: Lügen und unfair sein

Außer Musik liebt Emilio Sport!

Die größte Veränderung seit dem letzten Jahr: Im letzten Jahr habe ich ein Musikvideo (»Down by the lake«) veröffentlicht und arbeite an meinem ersten Album. Die Schauspielerei steht aber natürlich weiterhin an erster Stelle.

Die Jungs haben viel Spaß beim Rap-Battle.

Der Martinshof

Susanne Martin

In all dem Tohuwabohu auf Schloss Falkenstein bewahrt Tinas Mutter Susanne wieder einmal die Ruhe. Ein guter Gegenpol zum nervösen Graf Falko, der sein Interesse an ihr immer noch nicht gänzlich verloren zu haben scheint.

Winnie Böwe spielt Susanne Martin. Die größte Veränderung für sie seit dem letzten Jahr:

Mein Mann ist jetzt Freiberufler und muss auch so viel reisen wie ich. Bei uns stehen immer die Koffer bereit, und einer von uns ist immer unterwegs.

Im Gegensatz zu seiner Mutter scheint Holger diesmal total die Kontrolle zu verlieren. Vor allem über seine Gefühle. Denn Holger verliebt sich Hals über Kopf in die schöne Nia.

Fabian Buch spielt Holger Martin. Die größte Veränderung für ihn seit dem letzten Jahr:

Ich lasse mein Handy öfter ausgeschaltet.

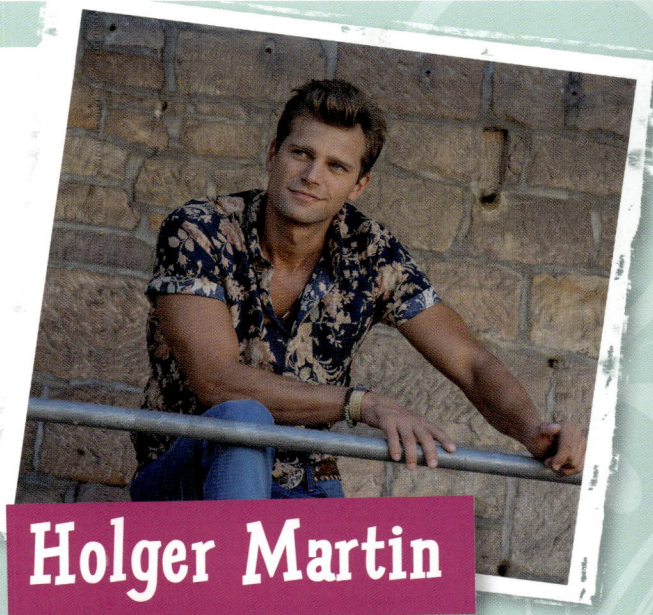

Holger Martin

Freddy

Auch der motorradbegeisterte Freddy, der eine Lehre beim Falkensteiner Schmied macht, kreuzt diesmal genau im richtigen Moment wieder auf.

Schloss Falkenstein

Graf Falko von Falkenstein

Renovierungsarbeiten am Schloss, ein frecher Sohn und jede Menge Fremde. Diesmal ist Graf Falko so richtig überfordert. Aber am Ende muss er einsehen, dass man nie auslernt und so ein Tohuwabohu auch richtig viel Spaß machen kann.

Michael Maertens spielt Falko von Falkenstein. Die größte Veränderung für ihn seit dem letzten Jahr: Also beruflich hat sich im Grunde nicht viel verändert. Ich arbeite nach wie vor sehr viel, und im Grunde auch sehr gerne. Ich war auch irre froh, dass es noch einen vierten Teil gab. Ich habe jetzt schon Angst vor dem nächsten Sommer. Was soll ich nur ohne Bibi und Tina machen?

Falko ist erschöpft!

Ganz eng verbunden! 😊

Diesmal darf Falko sogar singen!

Butler Dagobert

Graf Falkos stets diskreter Butler entpuppt sich diesmal als erstaunlich weltoffen. Alexanders Einsatz für die Musiker gefällt ihm sehr, denn das bringt Leben nach Falkenstein. Natürlich werden sie das ganze Chaos am Schloss bewältigen.

Martin Seifert spielt Dagobert. Die größte Veränderung für ihn seit dem letzten Jahr: Ich bin Rentner geworden. Da habe ich als Butler auch mehr Freizeit und mache Urlaub. Nicht nur im Sommer, sondern wann ich es möchte.

Dagobert weiß immer Rat!

Lea spielt Adea

Warum hat sie nicht einfach die gleichen Rechte wie die Jungs in ihrem Dorf? Adea flüchtet vor ihrem strengen Onkel aus Nordalbanien, um weiter zur Schule zu gehen und später studieren zu können. Dazu gehört großer Mut und Willenskraft.

Adea bringt die Geschichte in Gang

Lea van Acken

Manche nennen sie die Überfliegerin des Jahres. Bereits in Dietrich Brüggemanns Film »Kreuzweg« machte die damals 14-Jährige auf sich aufmerksam. Endgültig bekannt wurde sie durch ihre Rolle als Anne Frank in dem gleichnamigen Film, wofür sie den New Faces Award als beste Nachwuchsschauspielerin bekam.

Lea als Adea

Lea als Aladin

Steckbrief Lea van Acken alias Adea

Lea ist eine gute Reiterin!

Name: Lea van Acken

Geburtsjahr und -ort: 1999 in Lübeck

Sternzeichen: Fische

Augenfarbe: braun

Haarfarbe: dunkelbraun

Hobbys: Reiten, Tanzen, Schwimmen, draußen und aktiv sein

Was ich bei anderen mag: Ehrlichkeit, Humor, Spontanität, Einfühlungsvermögen und lange Gespräche über Gott und die Welt

Was ich bei anderen nicht mag: Verlogenheit, Zickigkeit, Humorlosigkeit

Das sagen meine Freunde über mich: Dass ich manchmal etwas verrückt bin, immer tanze und man sich auf mich verlassen kann.

Wie ich zum Film gekommen bin: Durchs Theaterspielen (ich habe mit 12 bei den Karl-May-Festspielen in Bad Segeberg als Komparsin mitgemacht) und dann später durch ein Casting.

Mein größter Wunsch: Meine Ziele erreichen ... aber die verrate ich jetzt nicht!

Motto: Alles passiert, wie es passieren soll.

Und eine ausgelassene Tänzerin!

Lea und Buck – zwei aus dem Norden, die sich gut verstehen.

Altamasch spielt Sinan

Sinan musste sein Land und seine Familie verlassen, um in Sicherheit leben und Architekt werden zu können. Seine Eltern, die ihm das ermöglicht haben, will er nicht enttäuschen. Er trägt viel Verantwortung, vor allem für seinen kleinen Bruder Karim, der mit ihm aus seiner Heimat Syrien geflüchtet ist.

Altamasch und Ilyes verstehen sich auch in echt!

Sinan

Altamasch Noor

Neben seiner Arbeit als Theater- und Filmschauspieler ist der Deutsch-Afghane auch als Regisseur tätig. Für sein Jugendtheaterprojekt »Tor zur Welt« mit Jugendlichen mit Migrationshintergrund wurde er mehrfach ausgezeichnet.

Name: Altamasch Noor
Geburtsjahr und -ort: 1990 in Kabul, Afghanistan
Sternzeichen: Zwilling oder Jungfrau
Augenfarbe: braun   Haarfarbe: schwarz
Hobbys: Fitness, Sport, mit Freunden chillen
Was ich bei anderen mag: Humor, Ehrlichkeit, Offenheit
Was ich bei anderen nicht mag: Arroganz
Das sagen Freunde über mich: Mein neuester Freund (den ich hier am Set kennengelernt habe und der meinen Bruder spielt) sagt: höflich, cool, witzig und geduldig.
Wie ich zum Film gekommen bin: Meine allererste Rolle war in einer Serie. Das war toll, weil viele sehen konnten, was ich mache.
Mein größter Wunsch: Einen Oscar gewinnen!
Motto: Stets mit Liebe handeln! In jeder Situation hilfsbereit und positiv sein!

Die »Brüder« bringen die Angst davor, entdeckt zu werden, sehr authentisch rüber.

Freundschaften sind wichtig!

Ilyes spielt Karim

Große Klappe, lustig, offen und sympathisch. Karim will trotz aller schlimmen Ereignisse in seiner Heimat nach vorn blicken. Er freut sich auf ein neues Leben in Deutschland und sucht nach einer passenden Frau. Dass er dafür vielleicht noch ein bisschen zu jung ist, wie Bibi & Tina finden, kümmert ihn wenig.

Altamasch und Ilyes warten zusammen auf die nächste Aufnahme.

Karim

Ilyes Moutaoukkil

Name: Ilyes Moutaoukkil
Geburtsjahr und -ort: 2004 in Berlin
Sternzeichen: Waage
Augenfarbe: braun   Haarfarbe: braun
Hobbys: Tanzen, vor allem Hip-Hop und Streetdance
Was ich bei anderen mag: Wenn wir Interessen teilen, jemand lustig ist und nicht gemein!
Was ich bei anderen nicht mag: Wenn jemand übertreibt!
Das sagen Freunde über mich: Ich kann sie gut zum Lachen bringen, und man kann viel mit mir unternehmen.
Wie ich zum Film gekommen bin: Schon mit vier Jahren kam ich durch Zufall und Empfehlung zu meiner ersten Rolle in »Zeiten ändern dich«.
Mein größter Wunsch: Ein berühmter Tänzer in New York werden und fliegen können! Schauspielen bedeutet mir viel, aber tanzen noch mehr!
Motto: Lebe deinen Traum!

Ilyes und der Set-Hund kuscheln in der Pause.

Die Albaner

Ardonis

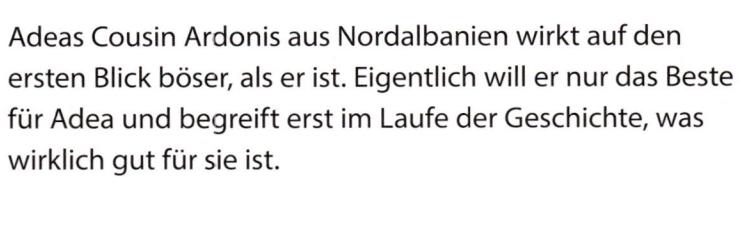

Adeas Cousin Ardonis aus Nordalbanien wirkt auf den ersten Blick böser, als er ist. Eigentlich will er nur das Beste für Adea und begreift erst im Laufe der Geschichte, was wirklich gut für sie ist.

Name: Oktay Inanc Özdemir
Geburtsjahr: 1986 in Berlin
Sternzeichen: Waage, Rabe, Tiger
Sein Leben als Schauspieler: Chaotisch, bunt und aufregend!
Lebensmotto: Musik & Freude & Abenteuer

Und in der Pause chillen!

Luan

Ardonis' Bruder Luan ist ein nicht besonders kluger junger Mann. Kein Wunder, dass niemand ihn so richtig ernst nimmt. Er leidet sehr darunter und will das unbedingt ändern.

Name: Salah Massoud
Geburtsjahr: 1996 in Hamburg
Sternzeichen: Fische
Sein Leben als Schauspieler: Spannend, lustig und ohne Grenzen.
Lebensmotto: Nicht alles ist, wie es auf den ersten Blick scheint. Guck am besten noch ein zweites Mal hin.

Im Spiel dann höchste Konzentration!

Einen Liegeplatz findet man immer!

Onkel Addi

Adeas Onkel Addi ist ein strenger, altmodischer Mann. Ihm fällt es am schwersten, zu begreifen, dass sich auch seine Welt schon längst verändert hat.

Name: Albert Kitzl
Geburtsjahr: 1943 in Bahovar, einem kleinen Dorf in Rumänien
Sternzeichen: Waage
Sein Leben als Schauspieler: Immer Glück gehabt!
Lebensmotto: Addi sagt: Brav sein, fleißig sein, viel Sport treiben!

Der Goldzahn war Alberts Idee!

Valentin

Der gut aussehende Valentin ist in Deutschland aufgewachsen und führt ein modernes, offenes Leben. Mit der alten Denkweise seiner Verwandtschaft aus Nordalbanien kann er wenig anfangen.

Name: Karim Günes
Geburtsjahr: 1986, irgendwo in der Türkei
Sternzeichen: Stier
Sein Leben als Schauspieler: Durch das Modeln entdeckte ich die Schauspielerei und lernte sie lieben.
Lebensmotto: Das größte Vergnügen im Leben ist, das zu schaffen, wovon andere Leute sagen, dass man es nicht schaffen kann. Wer sein Ziel kennt, findet auch den Weg dorthin.

Karim ist so lässig wie Valentin!

Eine tolle Truppe!

Last, but not least

Nia

Name: Lorna Ishema

Geburtsjahr: 1989 in Uganda   **Sternzeichen:** Skorpion

Mein Leben als Schauspielerin: Ich kann mir für mich wenig andere Berufe vorstellen, die ich mit der gleichen Energie machen könnte. Ein neues Ziel vor Augen zu haben und mich damit Tag und Nacht zu beschäftigen – das liebe ich!

Über meine Rolle als Nia: Nia ist ein frischer, wacher Mensch, der extrem viel Lust hat, auf Reisen zu gehen, und keine Angst vor Abenteuern hat.

Lebensmotto: Take it easy ☺

Nia, die Sängerin

Dirk Trumpf

Name: Joachim Meyerhoff

Geburtsjahr: 1967 in Homburg   **Sternzeichen:** Krebs

Mein Leben als Schauspieler: Sportler oder Schauspieler? Das war immer die Frage. Jetzt bin ich ein Schauspieler geworden, der sich gern bewegt. Auch gut.

Über meine Rolle als Dirk Trumpf: Dirk Trumpf ist einer von denen, die immer alles wollen; einer, der meint, ihm gehöre die Welt, und Geld, Geld, Geld sei alles, was zählt. Ein echter Ego-Blödmann.

Lebensmotto: Vieles Traurige ist auch immer ein wenig lustig, und fast alles Lustige ist auch oft ein bisschen traurig.

Dirk Trumpf, Architekt mit Visionen

Eichhörnchen

Ein »Bibi & Tina«-Film ohne Tierarzt Eichhörnchen ist zwar möglich, aber nur halb so toll! Wieder einmal legt Regisseur Detlev Buck einen Auftritt à la Hitchcock hin.

Unverkennbar!

Bauer

Michael Ostrowski ist nicht nur ein berühmter österreichischer Schauspieler, er ist auch bekannt als Regisseur, Drehbuchautor und Moderator. Ein echtes Allroundtalent!

Ein paar Sätze über seine Rolle: Ich bin ein lässiger Bauer. Ich mag meine Tiere und kümmere mich gut um sie. Traktorfahren ist nicht gerade meine Stärke, aber das ist mir wurscht. Ich bin ein freier Mann, das ist das Wichtigste. Okay, ich hab eine Freundin. Aber die tanzt lieber auf dem Tisch und singt mir einen Chanson zum Einschlafen.

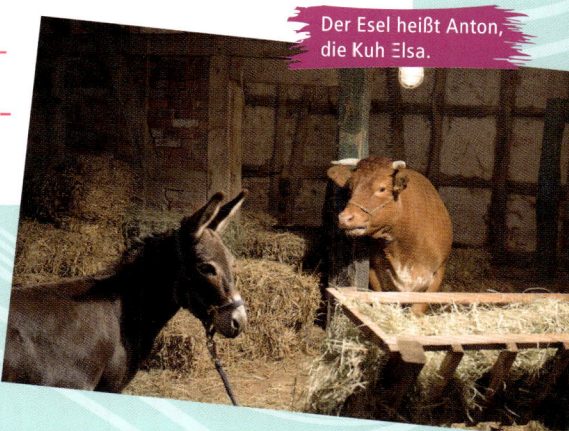

Der Bauer und seine lustige Hüncin Heidi.

Der Esel heißt Anton, die Kuh Elsa.

Holzfäller

Bekannt wurde der YouTuber Fynn Kliemann als »Heimwerkerking«. In seinen Videos mauert, schweißt, zimmert und bohrt er, was das Zeug hält und hat mittlerweile eine riesige Fangemeinde.

Finn ist einfach ein cooler Holzfäller!

Valentins Freund

Die meisten kennen TC als Mitglied des YouTuber-Trios Y-TITTY. Seit 2015 ist TC erfolgreich auf Solopfaden als Schauspieler und Synchronsprecher unterwegs.

Machen auch im Wasser eine gute Figur!

»Was würdest du tun?«

Was würdest du tun, wenn du an Adeas Stelle wärest? Eins ist sicher: Es gehört großer Mut dazu, sich als Junge zu verkleiden und zu flüchten, ganz allein, ohne Freunde und Familie ...

Und wie stark kann man sein
Wie viel Kraft ist dabei
Wie viel Mut
Wie viel Glück
Wie allein kann man sein
Wie viel Tränen kann man weinen
Wie muss es sein, lässt man alles zurück

Während Bibi und Tina über Adeas Schicksal nachdenken ...

Wie sie sich die Haare kurz schneidet, um sich als Junge durchzuschlagen.

Müsstest du dein Zuhause verlassen
Nicht mal Zeit zum Denken und Packen
Vielleicht würdest du's nie wieder sehen
Wüsstest auch nicht, wohin es geht
Du weißt nur, nicht alles wird gut
Ganz egal, wie viel du jetzt auch dafür tust
Wer kann uns erklären, wozu die Kriege sind
Kann mir jemand sagen
Was mit dieser Welt nicht stimmt

Was würdest du tun
Ich frag mich
Was würdest du tun
Ich weiß es nicht

... erleben wir, wie Adea ihren Onkel hereinlegt, um ihrem Schicksal zu entkommen.

Sich zu Fuß auf den Weg macht.

Und wie stark kann man sein
Wie viel Kraft ist dabei
Wie viel Mut
wie viel Glück
Wie allein kann man sein
Wie viel Tränen kann man weinen
Wie muss es sein, lässt man alles zurück

Und sich dann in einem LKW versteckt.

Nicht ahnend, was auf sie zukommen wird.

In einem Dorf trifft sie auf einen Schornsteinfeger.

Und alles ist so fremd hier
Keiner, der dich kennt hier
Was würdest du tun
Was würdest du tun

Manchmal fühlst du dich wie stumm
Und manche reden mit dir, als wärst du dumm
Du willst nicht schlafen
Willst nur rennen
In jedem Traum
Siehst du die Häuser brennen

Sie sucht sich eine notdürftige Waschgelegenheit.

Und dann hat sie Glück und bekommt etwas zu Essen geschenkt.

Was würdest du tun
Ich frag mich
Was würdest du tun
Ich weiß es nicht

27

Ein starkes Trio im Film!

Nachgefragt: Mädchen oder Jungs – Wer hat es leichter?

In »Tohuwabohu Total« verkleidet sich Adea auf ihrer Flucht als Junge, weil sie es so allein unterwegs als leichter und weniger gefährlich empfindet. Uns hat interessiert, was Lina, Lisa und Lea darüber denken.

Und in echt!

Lina: Ich glaube nicht, dass Jungs es im täglichen, normalen Leben leichter haben. Wenn es darum geht, sich alleine im jungen Alter durchzuschlagen, kann es durchaus sein, dass Jungs die besseren Karten haben. Nicht darauf bezogen, dass sie schlauer und härter sind (das glaube ich nicht ☺), sondern darauf, dass sie eventuell weniger Gefahren ausgesetzt sind. Was auch nicht immer stimmen mag.

Ausflug auf Drahteseln!

Zu dritt auf zwei Pferden! Geschafft!

Lina: Klar wollte ich auch schon mal ein Junge sein. Aber dann denke ich mir: Mädchen sein ist cool! Außerdem glaube ich schon, dass die Chancen für Mädchen und Jungs in Deutschland einigermaßen gleich sind. Vielleicht nicht in allen Berufen, aber dann müssen wir Mädels uns eben durchboxen und den Jungs zeigen, wo's langgeht!

Lisa: Leider denke ich schon, dass es Männer in unserer Gesellschaft leichter haben. Noch immer werden sie als das stärkere Geschlecht angesehen, während Frauen als emotional und impulsiv bezeichnet werden. Als Junge wird man es natürlich auch auf einer gefährlichen Flucht einfacher haben. Daher kann ich verstehen, warum Adea sich verkleidet. Ich glaube, jedes Mädchen will wissen, wie es so ist als Junge. Genauso wie ich viele Männer kenne, die auch einmal einen Tag eine Frau sein wollen.

Lea: Ich glaube, dass Jungs weniger Angst vor Gewalttaten haben müssen als ein Mädchen, das z.B. allein unterwegs ist. Aber im Grunde bin ich als Mädchen sehr glücklich, und als Mädchen kann man auch stark und selbstbestimmt sein. In Deutschland haben wir es sehr gut, wir haben so viele Möglichkeiten für unsere Zukunft, und ich denke, dass sowohl Mädchen als auch Jungs sehr ähnliche Chancen haben. Wahrscheinlich müssen Mädchen sich einfach etwas mehr durchsetzen.

Sie lassen sich den Spaß nicht verderben!

»Wunder«

In Albanien ist Bibi zum ersten Mal wirklich ratlos. Sie alle haben sich so bemüht, Adea zu helfen, damit sie weiter in die Schule gehen kann. Sogar in ihre Heimat hat sich Bibi mit Tina, Alex und Tarik gehext. Aber nun sieht es so aus, als wäre alle Anstrengung umsonst gewesen. Da hilft nur noch ein Wunder ...

Bibi fasst Vertrauen zu der alten Marktfrau.

Auch Adea ist ratlos.

Sie versteht Bibis Gefühle, auch wenn ihr die Worte nichts sagen.

Gedanken soll'n doch fliegen
Und Gedanken sind doch frei
Was passiert, wenn sie nicht landen
Was passiert, wenn sie nicht landen
Sie nicht landen
Fliegen sie am Ziel vorbei

Alles steht still
Nichts haut mehr hin
Hab alles versucht
Nichts davon macht Sinn

Da taucht Tarik auf.

Wie 'ne Saat, die niemals aufgeht
Wie 'ne Blume, die nicht wächst
Wenn ein Motor kein Benzin hat
Auf halber Strecke schon verreckt
Tief im Dreck stecken wir dann alle fest
Tief im Dreck stecken wir dann alle fest

Luan und Ardonis suchen Adea.

Wieder läuft Adea davon, aber diesmal ist sie nicht allein.

Ich brauch'n Wunder
Genau jetzt
Gib mir'n Wunder
Ich brauch'n Wunder

Ich glaub zwar nicht an Wunder
Aber nehmen würd ich's schon
Versetzt Glauben wirklich Berge
Dann will ich mehr davon

Tina sieht etwas am Horizont auftauchen.

Genau jetzt
Genau jetzt
Genau jetzt

Ardonis weist endlich den Vater in die Schranken.

Da ist kein Tor, das sich jetzt öffnet
Auch der Himmel steht nur still
Und nichts nichts – nichts geht

Adea jubelt – sie darf wieder zur Schule gehen!

Nachgefragt: Schule – Stress oder Spaß?

Adea wird gegen ihren Willen von der Schule genommen. Doch sie liebt es zu lernen und möchte ihr Abitur machen. Wir sind gespannt, wie Lina, Lisa, Lea, Alex und Tarik das sehen, die mittlerweile die Schule abgeschlossen haben. Sind sie ebenso gern zur Schule gegangen? Was mochten sie dort am liebsten und was eher nicht?

Lisa: Leider bin ich nie wirklich gerne zur Schule gegangen. Das lag wahrscheinlich vor allem daran, dass ich schon seit der zweiten Klasse gedreht habe. Schule war daher für mich nur eine Notwendigkeit. Trotzdem habe ich es bis zum Ende durchgezogen, obwohl ich einmal kurz davor war, hinzuschmeißen. Jetzt weiß ich allerdings, dass ich es bereut hätte.

Lina: Ich bin auf jeden Fall gerne zur Schule gegangen. In den letzten Monaten zwar nicht mehr, aber ich denke, es ist normal, wenn man so kurz vor dem Ziel plötzlich das Gefühl bekommt man sollte alles anders machen. Jetzt allerdings habe ich mein Abi und freue mich. In Mathe war ich nie wirklich gut, mein »Hassfach« war allerdings Deutsch. Kreatives Schreiben mag ich sehr, Analysieren jedoch ist für mich die Krönung eines schlechten Tages. Dafür liebe ich Geschichte über alles – und ein Erdkunde- und Englischfan bin ich ebenfalls!

Louis: Schule war für mich wie ein Beruf. Zwar habe ich mich in den meisten Fächern gelangweilt, aber trotzdem habe ich es durchgezogen. Mein Abitur war leider nicht ganz so gut. Am liebsten mochte ich Geschichte, und Mathe am wenigsten. Lustig waren immer die Schneeballschlachten auf dem Pausenhof und die Ferien.

Emilio: Klar ist Schule wichtig. Auch wenn es abgedroschen klingt: Wissen und Bildung sind einfach sexy.

Wer ist wer?

Erkennst du deine »Bibi & Tina«-Stars?

1. Louis, 2. Lisa-Marie, 3. Emilio, 4. Ilyes, 5. Altamasch, 6. Lea, 7. Lina

»Muss ich haben«

Noch nie sind Bibi und Tina innerhalb kürzester Zeit auf so viele Menschen aus unterschiedlichen Ländern und Kulturen gestoßen.

Adea, Luan, Ardonis und Onkel Addi stammen aus Nordalbanien, wo teilweise noch ganz eigene, alte Gesetze herrschen. Doch auch Ardonis und Luan träumen von der großen, weiten Welt und all den vermeintlich schönen Dingen, die ihr Cousin Valentin bereits hat.

Einen SUV
Mit dem ich durch die Straßen cruise
Alle Bräute machen »bamm«
(Muss ich haben)

Nachdem Valentin die Mädchen reingelegt hat, fangen die Männer vor Freude an zu singen und zu tanzen.

Die neuesten Sneakers am Fuß
Und 'n Brilli im Ohr
Tickets für WM
(Muss ich haben)

Was guckst du?!

3-D-Flatscreen
Größer als 'n Bus
Und meinen eig'nen Fußballclub
(Muss ich haben)

Was glitzert!

TOOOR!

Und ich klone mein Smartphone
Für jede Nummer eins
Nur Spinat mit Blubb
(Muss ich nicht haben)

Ihr seid die Coolsten mit dem fettesten Beat und
Ihr seid die Schnellsten, das auf jedem Gebiet
Ey, Digga, ihr seid's, ihr seid der heißeste Scheiß
Rollt den Teppich jetzt aus, haltet die Limo bereit

Privatstrand wär echt nice
Meine Beine nie mehr weiß
und den ganzen Tag Pommes Frites
(Muss ich haben)

Wir, wir sind die Coolsten
Cooler als die Coolsten
Schönen Gruß an Houston
Kein Problem, wir sind die Coolsten

Beißer mit Bling Bling
Und 'n Kühlschrank voll Eis
'ne Frisur, die immer sitzt
(Muss ich haben)

Zoo für mich allein
'n Bodyguard, 'n Jet
Und Rihanna tanzt für mich
(Muss ich haben)
Alles wird nach mir benannt
Jeder Rap, jede App
Nur 'nen Pickel im Gesicht
(Muss ich nicht haben)

Sinan und Karim, die beiden Brüder aus Syrien, verstehen sich blind. Obwohl sie beide so unterschiedlich sind. Während der ältere Sinan in Deutschland Architektur studieren will, hat Karim einen ganz anderen Plan. Er will heiraten und so seinen Aufenthalt sichern. Dabei stellt er fest, dass Mädchen sehr interessant sind, aber auch sehr kompliziert.

Nachdem er mit seinem Zettel nichts erreicht hat, probiert Karim die nächste Nummer.

Tina hält dagegen!

»Ihr deutschen Mädchen seid so«

Ihr deutschen Mädchen seid so stolz
Wie ihr geht, wie ihr steht
Euer Beat, wenn ihr fliegt
Habt die Macht, wenn ihr lacht
Wenn ihr singt und ihr ringt
Um ein Wort, schickt mich fort
Wie es groovt, wenn ihr ruft
Und ich denk, dass ich lenk
Doch ihr nickt ganz geschickt
Und geschickt eingeknickt
Das bin ich, wie ihr tickt, wenn ihr zickt
Und ich check und ich check und ich check
... nix

Ihr deutschen Mädchen seid so
Ihr deutschen Mädchen seid so
Ihr deutschen Mädchen seid so
... stolz

Ihr deutschen Mädchen seid so stolz
Habt den Swagger, seid echt lecker
Doch wenn ihr meckert
Fehlt der Stecker

Ihr seid gut organisiert
Ihr studiert, ihr verliert niemals eure Fassung
Selbst bei krasser Unterlassung
Selbst bei krasser Unterlassung
Seid ihr in Killer-Verfassung
Und ich check und ich check und ich check
... nix

Auf diesen Drehtag hat Ilyes sich echt gefreut.

Karim mag auch Pferde. Zu Hause hatte er selbst eines.

Karim lässt nichts unversucht – vielleicht kann er Bibis Herz für sich gewinnen? Auf jeden Fall sind Bibi und Tina beeindruckt, wie er mit seinem Schicksal umgeht.

Dann entdeckt er im Stall Bibi!

Da wundert sich sogar Maharadscha!

Karim ist ein echter Sprücheklopfer: »Nimm dir die Zeit!«

Musik kann die Welt umarmen!

»Take it easy«

Die Musiker, die Alex nach seinem Kanu-Unfall aus dem Fluss fischen, haben den langen Weg von Mali auf sich genommen, um in Europa mit ihrer Musik für Frieden und Völkerverständigung zu werben. Sie sind in ihrem bunten Tourbus unterwegs und voller Energie und guter Laune. Alex findet sie einfach genial!

Alex und die genialen Musiker aus Mali.

When the sun isn't shining down on you hey brother, hey sister, our mama, mama
Is always there, is always there,
is always there
in your heart
Oh yeah, oh yeah, oh yeah

When the rain is pouring down on you
my brother, my sister, our mama, mama
takes always care, always care,
always care
for our love
Oh yeah, oh yeah, oh yeah

Take it easy, take it easy, take it easy
Take it easy, take it easy, take it easy
Take it easy, take it easy, take it easy
in your heart, in your heart

Bibi mittendrin!

Einfach zuhören und mitspielen – Musiker beim Jammen!

Hey brother, hey sister, our mama our mama
Hey brother, hey sister, our mama our mama
Hey brother, hey sister, our mama our mama
Take it easy, take it easy, take it easy

Wer hätte gedacht, dass Alex so abtanzt?!

Selbst Sinan wird mitgerissen.

An elephant never forgets
and a lion never regrets
but you, but you, but you

Alex liebt sein Übergangskostüm.

Sogar die lässigen Latschen!

Auch die Musiker freuen sich über die tanzwütigen Freunde!

Der Drehort in Kroatien – wunderschön!

Nachgefragt: Reiseziele unserer Stars

Am besten lernt man etwas über fremde Kulturen, indem man reist und Menschen aus anderen Ländern kennenlernt. Wir sind gespannt, wo unsere SchauspielerInnen schon überall waren und von welcher Reise sie noch träumen.

In Europa war ich schon fast in jedem Land. Ich möchte unbedingt mal auf die Kanarischen Inseln und dort in einem Bungalow direkt am Wasser wohnen. *(Louis)*

Ich war in Marokko, Spanien, Tschechien, Dänemark, Italien, Schweiz, Österreich, und Ende des Jahres fliege ich zum ersten Mal nach Thailand. Ich möchte unbedingt mal in die USA. *(Emilio)*

Die Jungs haben schon viel gesehen!

Ich war noch nie außerhalb Europas. Das ist auf jeden Fall mein nächstes Ziel. Mein wichtigstes Urlaubsland ist Kroatien, dort sind viele meiner schönsten Urlaubserinnerungen entstanden. Jetzt, da die Schule vorbei ist, werde ich mich aber auch auf ein paar kürzere Trips begeben. *(Lina)*

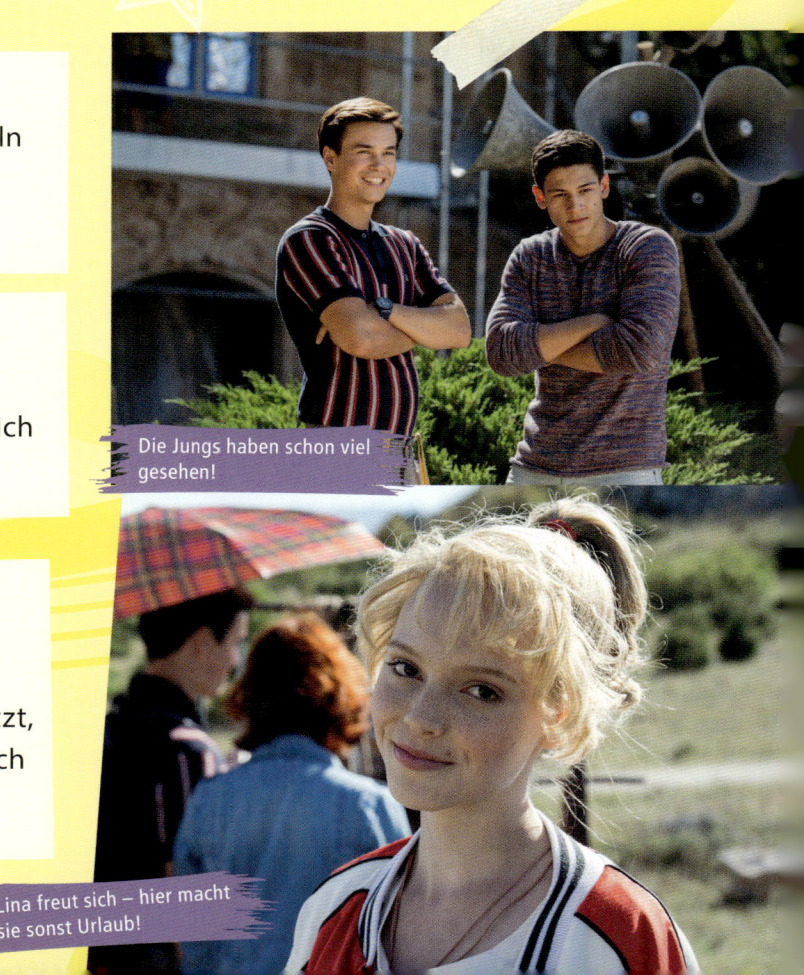

Lina freut sich – hier macht sie sonst Urlaub!

Meine Eltern sind mit mir und meiner Schwester schon immer viel unterwegs gewesen, daher haben wir auch schon einiges gesehen. Ich war schon in der Dominikanischen Republik, Karibik, Ägypten, Kenia, Spanien, Italien, England, Frankreich und, und, und ... Was ich aber auf jeden Fall noch sehen möchte, sind Namibia, Thailand, Amerika und Skandinavien. *(Lisa)*

Lisa ist eine neugierige Weltenbummlerin!

Für Bibi und Tina ist ein Urlaub ohne Amadeus und Sabrina unvorstellbar!

Ich war schon in Spanien, Kroatien, Italien – überall dort, wo es warm ist! Auch schon in den USA: Chicago und Los Angeles. Mein Bruder studiert in Helsinki, das wird mein nächstes Reiseziel!
(Fabian Buch)

Ich war eigentlich schon in sehr vielen Ländern. Einzig Afrika fehlt mir noch. Ich habe eine große Afrika-Sehnsucht. Wenn meine Kinder etwas älter sind und die politischen Umstände es erlauben, will ich unbedingt nach Botswana. Dort gibt es ein Flussdelta, an dem sich alle möglichen Tiere versammeln. Da möchte ich hin und die Tiere beobachten. *(Michael Maertens)*

Dagobert liebt sein Zuhause!

Nachdem ich so lange auf Schloss Falkenstein war, möchte ich gerne noch nach Irland oder Schottland und Wales. Dort soll es auch interessante Schlossgeister geben. Am Reisen finde ich auch das Wiedernachhausekommen so schön!
(Martin Seifert)

Ich war mit Mitte zwanzig mal allein in Japan. Da war alles ganz anders als hier, und ich habe mich oft verlaufen. Die Leute sprachen wenig Englisch. Aber sie waren sooooo hilfsbereit. Ich möchte gerne mal nach Indien. Aber mein größter Traum ist eine Reise in die Südsee.
(Winnie Böwe)

Dreh mit Abendsonne und Pferden – so schön wie zu Hause sein!

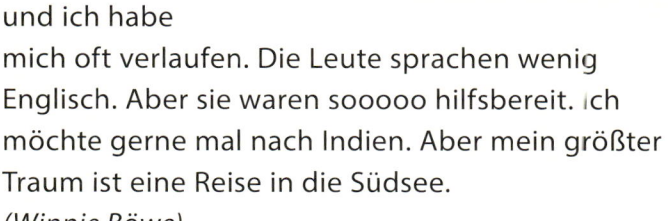

»Rockstar ohne Song«

Was Holger sieht, lässt sein Herz höher schlagen. Da vergisst er sogar die Fassbrause!

Er hat kein Lied, aber eine Gitarre!

Holger verliebt sich Hals über Kopf in die schöne Nia und widmet ihr sogar ein Lied. Wer kann da schon widerstehen ...

Nia ist für Holger wie eine Erscheinung!

Wär ich ein Lied
Eins, das es nicht gibt
Ich tät alles
Um dir zu gefallen

Doch ich bin nur ein Rockstar
Nur ein Rockstar
Ohne Song
Ich muss echt kein Star sein
Will dir nur nah sein
Was ich will
Bist du

Und hätt ich ein Lied
Ich säng es für dich
Und hätt ich ein Lied
Ich hab es nicht
Ich bin ein Rockstar
Nur ein Rockstar
Ohne Song

Doch ich bin nur ein Rockstar
Nur ein Rockstar
Ohne Song
Ich muss echt kein Star sein
Will dir nur nah sein
Was ich will
Bist du

Und hätt ich ein Lied
Ich säng es für dich
Und hätt ich ein Lied
Ich hab es nicht
Ich bin ein Rockstar
Nur ein Rockstar
Ohne Song

Der Song berührt alle!

Filmreif: Nia ist verzaubert!

Filmreif mit Schwung!

Filmreif mit Emotion!

Karim hat sich auf jeden Fall etwas einfallen lassen.

Nachgefragt: »Willst du mit mir gehen?«

Holger kann bei Nia punkten, indem er ein Lied für sie singt. Aber wie kann man noch bei jemandem landen? Wir haben Lina, Lisa, Louis und Emilio nach ihren Tipps und Tricks gefragt. Mit echten Starporträts aus Kroatien!

Lina: Ich glaube, man sollte immer versuchen, man selbst zu sein. Selbst wenn es klappt und man dann viel Zeit mit demjenigen verbringt, wär's doch schade, wenn man nach und nach erst zugeben könnte, wer man wirklich ist. Die Person sollte einen außerdem so schätzen, wie man nun mal ist. Jeder hat irgendwelche Macken.

Lisa: Zum Glück hatte ich damit noch nie Probleme. Das Wichtigste ist, dass man entspannt bleibt und sich selbst treu ist. Anmachsprüche würden mir nicht mal welche einfallen, hahaha. Obwohl die auch durchaus lustig und auflockernd kommen können, wenn man sie nicht so ernst nimmt.

Louis: Ich bin Autor und schreibe gerade ein Telefonbuch, deine Nummer fehlt noch – klappt immer.

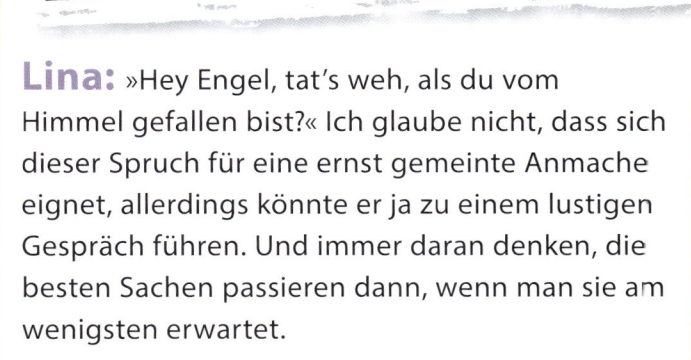

Einfach zum Lachen!

Lina: »Hey Engel, tat's weh, als du vom Himmel gefallen bist?« Ich glaube nicht, dass sich dieser Spruch für eine ernst gemeinte Anmache eignet, allerdings könnte er ja zu einem lustigen Gespräch führen. Und immer daran denken, die besten Sachen passieren dann, wenn man sie am wenigsten erwartet.

Emilio: Ich halte nicht so viel von Anmachsprüchen! Wenn dir jemand wirklich gefällt, dann nimm Blickkontakt auf und geh einfach mal rüber und sag Hallo.

45

Bibis Hexereien

Wie in allen »Bibi & Tina«-Filmen wird auch diesmal wieder viel gehext. Was auf der Leinwand so mühelos wirkt, ist in Wahrheit harte Arbeit für Regisseur, Kameramann, Szenenbildner, Kostümbildner und Cutter. Und manchmal auch eine große Herausforderung für die Schauspieler!

Nach dem Drehen wird das Material so bearbeitet, dass alles ineinandergreift, wie ihr das kennt. Die Arbeit nach dem Dreh nennt man Postproduktion.

Schafe

Eene meene gar nicht schwer, 300 Schafe jetzt hierher. Hex-hex!

Man benötigt mehrere Schritte, um so eine Hexerei zu visualisieren. Einmal filmt man den Hügel ohne Schafe und dann noch einmal mit ganz vielen Schafen. Danach werden beide Bilder aneinandergeschnitten, dazwischen ein Hexeffekt – und im Film sieht es so aus, als wenn die Schafe plötzlich dorthin gehext worden sind.

Damit der Bauer ins Spiel eingepasst werden kann, wird er vor einer grünen Wand gefilmt. Das kann man dann am Computer bearbeiten, zum Beispiel neue Hintergründe einfügen und auch den Hexeffekt einsetzen.

Die grüne Wand nennt man beim Film Greenscreen.

Die Schafe beim Bauern sind ausgerechnet am Drehtag voller Kletten …

Letzte Vorbereitungen – der Bauer muss gesäubert werden. Die Kletten hängen inzwischen an ihm.

Und jetzt filmen wir die Schafe in Kroatien.

Kutsche

Eene meene steile Rutsche, her mit einer schnellen Kutsche. Hex-hex!

Bibis Hexereien lösen sich von selbst wieder auf – manchmal schneller, manchmal langsamer. Die Kutsche, die Bibi im Stall hergehext hat, verschwindet plötzlich mitten in der Fahrt. Dafür müssen viele Etappen beim Filmdreh eingeplant werden.

Für die unsanfte Landung auf dem Boden hat sich das Team, unterstützt von Stuntleuten, etwas ausgedacht: Die Darsteller werden auf stabile Unterlagen gesetzt, vom Auto gezogen, und wenn es dann anhält, purzeln alle durcheinander.

Lisa hat sich natürlich auch mit den Doublepferden, die als Kutschpferde ausgebildet sind, angefreundet.

Sieht doch ganz schön turbulent aus!

Für die Effekte wird die Kutsche auf einen Hänger gesetzt, der von einem starken Auto gezogen wird.

Wegen der komplizierten Umbauten muss man manchmal lange warten!

Für den ersten Zusammenbruch wird ein Vorderrad entfernt.

Onkel Addi als Eisklotz

Eene meene Reis, bist ein Klotz aus Eis.
Hex-hex!

Hier wird das Material für die nachträgliche Bildbearbeitung aufgenommen. Der Schauspieler wird vor die grüne Wand gestellt, und später am Computer wird der Eisklotz um ihn herum konstruiert. Um die starre Wirkung zu verstärken, wird die Krawatte präpariert, sodass sie seitlich in der Luft stehen kann.

Onkel Addi als Frau

Ene mene schlau, Macho wird zur Frau.
Hex-hex!

Hier sind vor allem Kostüm und Maske sowie Schauspielkunst gefordert!

Stillgestanden!

Konzentration vor dem Auftritt

Woran merkt man sofort, dass man eine Frau ist?

Onkel Addi als Schafbock

Eeene meene Schock, bist ein sturer Bock! Hex-hex!

Hier wird er einfach ausgetauscht!

Der Schafbock kommt zum Set!

Der Schafbock kriegt was zum Fressen, damit er sich am Drehort wohlfühlt.

Luan nimmt auch seinen verwandelten Papa sehr ernst.

So ein Schafbock ist eine Herausforderung!

Bibi & Tina in Albanien

Zum ersten Mal wurden Teile des Films im Ausland gedreht. Da die Drehbedingungen in Nordalbanien schwierig waren, entschlossen sich Regisseur Detlev Buck und sein Team, die dort spielenden Filmszenen in Kroatien zu drehen.

Auf einer einsamen Hochebene entsteht die neue Basis. Von hier sind alle Drehorte gut zu erreichen.

Der Ausstatter Sebastian Soukup spielt diesmal sogar mit!

Onkel Addis Hof

Für Onkel Addis Hof wurde ein besonders ungewöhnlicher Drehort gefunden. Ein Haus am Berghang, das teilweise noch im Rohbau ist. Man sieht den nackten Beton, am Balkon fehlt noch das Geländer. Es wirkt dadurch sehr authentisch.

Szenenbildner Sebastian Soukup hat gezeichnet, wie das Set eingerichtet werden soll.

Das Team beginnt mit der Festtafel im Garten.

Die Tafel ist schief – wie die Familienverhältnisse!

Jetzt ist alles fertig, und der Dreh beginnt.

Und Action!

Die Nachbarinnen warten gut gelaunt auf ihren Einsatz als Komparsinnen.

Dreh auf dem offenen Balkon.

Verrückte Fahrzeuge

Alles andere als normal waren auch die Fahrzeuge, die am Drehort Kroatien unterwegs waren. Einige haben den Szenenbildner und den Regisseur so fasziniert, dass sie im Film vielfältig zum Einsatz kamen.

Der alte Jeep ist zur Dekoration einfach im Garten stehen geblieben.

Genauso wie der alte Renault.

Oder dieses motorbetriebene Fahrrad!

Louis fährt mit dem coolen Settransporter.

Dann soll er mitspielen und hat so seine Tücken – alle sind ratlos!

Das Lieblingsfahrzeug ist das Eseltaxi!

Liebevoll kümmert der Besitzer sich um seine Esel.

Doppelselfie! Wir sind Fans!

Man darf sich einfach nicht aus der Ruhe bringen lassen!

53

Selfie-Parade

Erster Tag – Ankunft in Split

Das ist ja wie Ferien!

Lisa und Lina im Modellhaus, wie ihre gemeinsame Unterkunft genannt wurde

Lisa und Lea – Ankunft am Set

Schmüll und Grafensohn in der Pampa!

Lisa ist eine echte Tierfreundin!

Emilio ist einfach super fit!

Die Darstellerin von Adea teilt mit euch ihre ganz persönlichen Eindrücke von den Dreharbeiten in Kroatien.

lea_van_acken 20h

Die Landschaft ist schon beseelend! ☀

lea_van_acken 2h

Böse Fliege!...aber süßer Esel!

Ab in die kroatischen Berge

Schloss Falkenstein »under construction«

Am Ende landen alle wieder auf Schloss Falkenstein, das immer noch »under construction« ist.

Auch das Motiv »Baustelle« wurde aufwendig geplant und umgesetzt. Schloss Falkenstein ist nicht wiederzuerkennen. Das war die Idee: Wie können wir das Schloss so verändern, dass es ganz anders wirkt als in den vorherigen »Bibi & Tina«-Filmen.

Bibi und Tina sind wirklich überrascht!

So hat sich der Setdesigner die Veränderung vorgestellt.

Sogar ein Kran steht im Innenhof bereit.

Die Schlossfassade ist eingerüstet.

Graf Falko ist der Bauherr. Er hat den Architekten Dirk Trumpf beauftragt, der sich um alles kümmern soll. Wenn er vorher geahnt hätte, wen er sich da ins Haus geholt hat, hätte er niemals angefangen mit der Sanierung. Aber hätte, hätte, hätte ... Jetzt muss er sehen, wie er mit Trumpf fertig wird.

Diese Idee ist sehr lustig und präzise umgesetzt!

Der Container steht genauso selbstbewusst da wie sein Besitzer!

Und Trumpf hat viele neue Pläne.

Auch im Schloss ist Dirk Trumpf unterwegs. Er findet überall Schwamm. Das ist wirklich unangenehm. Denn wenn man Schwamm im Haus hat, verrottet das Holz, mit dem gebaut wurde.

Hier kann man den Trumpfwall sehen.

Tohuwabohu Total

Das Finale ist auch das Finale der »Bibi & Tina« – Reihe. Es war eine schöne Zeit und wir danken allen Fans für die tolle Unterstützung.

»Mit euch dreht die Welt sich weiter!«

Kennst du das auch
Dass ein Wort nicht reicht
Für das große Gefühl
Dein Herz springt und tanzt

Ich glaub daran
Ein Lied kann die Welt verändern
Ich glaube
Alles wird sich wieder
Sowieso verändern

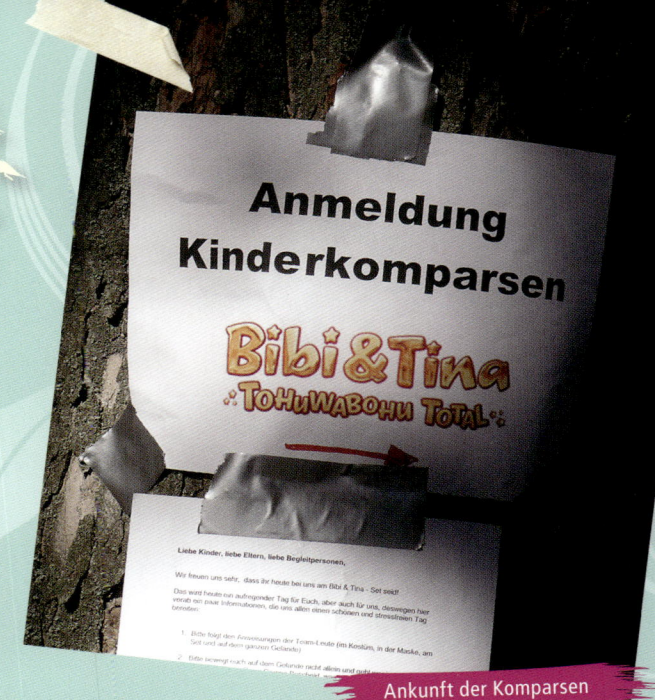

Alles ist Musik
Mach mal lauter
Alles was fremd ist
Wird uns vertrauter
Wenn nichts mehr geht
Fangen wir an zu singen

Ankunft der Komparsen

Erst mal gibt es Anweisungen.

Warten auf den Auftritt gehört dazu!

Alles ist Musik
Musik ist alles
Alles ist Musik
Im Fall des Falles
Wenn nichts mehr geht
Fang an zu singen

Das Wort »frei« klingt in jeder Sprache anders
Doch es fühlt sich gut an, wenn man frei sein kann

Chaos im Kopf
Das kennen wir alle
Chaos im Kopf
Ist wie 'ne Falle
Chaos im Kopf
Ist aber auch gut
Gibt dir'n Schub, gibt dir Mut

Auch der Regisseur ist mittendrin.

Wir alle sind gleich
Und doch so verschieden
Und fehlen uns die Worte, (dann)
Fangen wir zu singen an

Trommeleinsatz!

Ich könnt euch viel erzählen über meinen Kopfsalat
Du wächst über dich hinaus
Macht dich weich
Macht dich hart

Alles ist soooo spannend!

Hast du noch nie im Leben Berge versetzt
Dann leg endlich los
Und tu es jetzt

Mir geht's wie all'n
Und euch geht's wie mir
Chaos ist Benzin
Damit der Kopf sich dreht
Chaos ist der Motor
Der die Welt nach vorne trägt ...

Im Wasser!

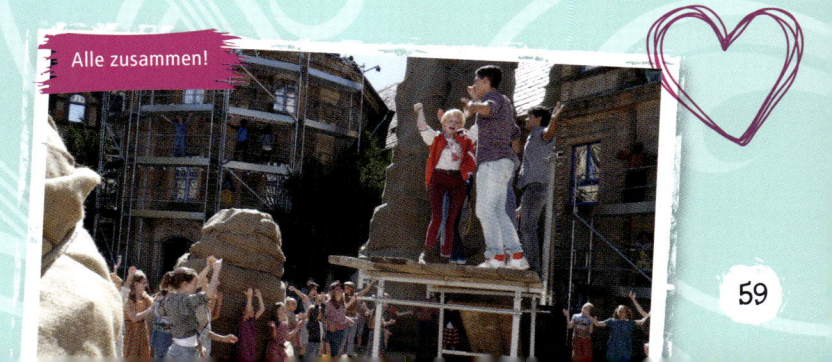

Alle zusammen!

Endlich geht es los!

Bibi & Tina
Tohuwabohu Total

Die Highlights zum neuen Kinofilm!

Highlight!

Original-Hörspiel

Original-Soundtrack

Highlight!

Deluxe-Edition

Soundtrack Deluxe-Edition

KIDDINX

Bibi & Tina

Die Bücher zu den Kinohits!

Bibi & Tina
ISBN 978-3-505-13394-7 • € 9,99 (D)

Die Freundinnen Bibi und Tina sind unzertrennlich – und auf ihren Pferden Sabrina und Amadeus einfach unschlagbar. Doch das bevorstehende Pferderennen auf Schloss Falkenstein wird für sie zur Herausforderung. Mit der hübschen Sophia von Gelenberg haben sie eine ernst zu nehmende Konkurrentin. Und das nicht nur in sportlicher Hinsicht. Sophia hat ein Auge auf Alexander von Falkenstein geworfen und versucht ihn zu überreden, auf ihr Internat nach England mitzukommen …

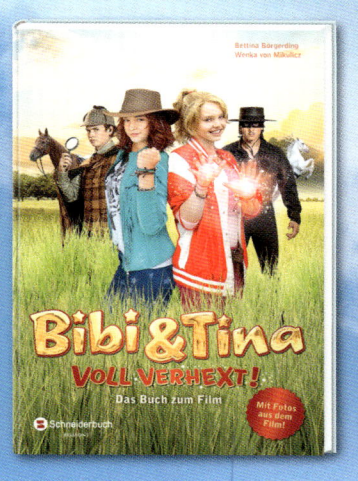

Bibi & Tina – Voll verhext!
ISBN 978-3-505-13591-0 • € 9,99 (D)

Trotz Sommerzeit herrscht auf dem Martinshof totale Flaute – nicht ein Ferienkind hat sich angemeldet! Und als wäre das nicht schon dramatisch genug, wird auch noch in die Gemäldegalerie von Schloss Falkenstein eingebrochen. Das alles sorgt nicht gerade für gute Laune … Höchste Zeit für Bibi und Tina, die Dinge in die Hand zu nehmen. Eine Werbeaktion soll dem Martinshof endlich Gäste bescheren, und ganz nebenbei geraten die Freundinnen dabei auf die Fährte des Einbrechers. Doch allein werden sie ihn nicht überführen können …

Bibi & Tina – Mädchen gegen Jungs
ISBN 978-3-505-13872-0 • € 9,99 (D)

Sommerzeit – Campingzeit. Tina freut sich schon auf das Sommercamp, das in Falkenstein stattfinden soll. Umso besser, dass sie auch ihre Freundin Bibi dafür begeistern kann. Zahlreiche Schülerinnen und Schüler einer internationalen Schule aus Berlin nehmen teil. Als Höhepunkt ist eine Geocaching-Challenge geplant – eine moderne Schatzsuche, bei der Jungs und Mädchen gegeneinander antreten. Um zu gewinnen, ist dem ehrgeizigen Urs dabei jeder schmutzige Trick recht. Das will sich vor allem Bibi nicht bieten lassen, doch im entscheidenden Moment verliert sie plötzlich ihre Hexkraft …

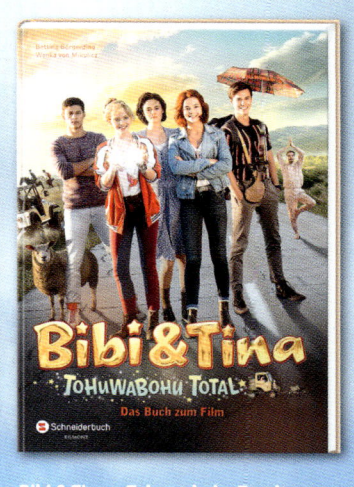

Bibi & Tina – Tohuwabohu Total
ISBN 978-3-505-14004-4 • € 10,00 (D)

Dieses Mal ist das Tohuwabohu perfekt: Bibi und Tina begegnen einem ruppigen Ausreißer, der von zu Hause weggelaufen ist. Und der sich dann noch als Mädchen namens Adea entpuppt! Adeas Onkel ist so engstirnig und stur, dass Bibi es noch nicht mal mit Hexerei schafft, die beiden wieder zu versöhnen. Außerdem wird Schloss Falkenstein renoviert, was den Grafen völlig überfordert. Zumal Alex auch noch ein Musikfestival auf Falkenstein plant und es gegen den Willen seines Vaters durchsetzen will. Als wäre das nicht genug, wird Tina schließlich noch entführt.
Bei all dem Chaos wird am Ende eines ganz klar: Wirkliche Veränderungen entstehen durch gemeinsame Aktionen und Anstrengungen, nicht durch Hexerei!

www.bibiundtina-derfilm.de
www.schneiderbuch.de

Schneiderbuch
EGMONT

1. Auflage
© 2017 Schneiderbuch
verlegt durch EGMONT Verlagsgesellschaften mbH
Alte Jakobstr. 83, 10179 Berlin
Alle Rechte vorbehalten
»BIBI & TINA« Film © 2017 DCM
Regie: Detlev Buck
Eine DCM Pictures Produktion in Koproduktion mit Boje Buck Produktion,
Kiddinx Studios und dem ZDF, im Verleih von DCM Film Distribution
Die Marke Bibi&Tina ist eine eingetragene Marke der KIDDINX Studios GmbH

© 2017 BIBI & TINA – TOHUWABOHU TOTAL /DCM
Artwork: © 2017 BIBI & TINA – TOHUWABOHU TOTAL /DCM / Ivo Gadea, Die Goldkinder
Fotos: © 2017 BIBI & TINA – TOHUWABOHU TOTAL /DCM / Andreas Schlieter, Bodo Witzke, Sebastian Soukup
Danke für die Selfies an Emilio, Lea, Lina, Lisa und Louis.
Die Marke Bibi&Tina ist eine eingetragene Marke von KIDDINX Studios.

Layout und Satz: Guter Punkt, München | www.guter-punkt.de
Printed in the EU (675274)
ISBN 978-3-505-14005-1

Die EGMONT Verlagsgesellschaften gehören als Teil der EGMONT-Gruppe zur EGMONT Foundation – einer gemeinnützigen Stiftung, deren Ziel es ist, die sozialen, kulturellen und gesundheitlichen Lebensumstände von Kindern und Jugendlichen zu verbessern.

Weitere ausführliche Informationen zur EGMONT Foundation
unter www.egmont.com.